SUSANN HEIDLER

ZWEIFEL UND VERTRAUEN

Titelgrafik „Engel" von Margaretha Lischer

GEDICHTE

Über die Autorin

Susann Heidler – 1977 in Karl-Marx-Stadt (heute Chemnitz) geboren; Magistra Artium in Chemnitz in Beruf- und Wirtschaftspädagogik, Psychologie und Soziologie; Therapeutin im Integrativen Zentrum zur Förderung hyperkinetischer Kinder; Ausbildung in Heilpraktik und Klassischer Homöophathie; seit 2015 selbstständige Heilerin in der TraumzeitPraxis Scheibenberg gemeinsam mit ihrem Mann Hendrik; Malerin und Dichterin; Durchführung von Heilkreisen und Kräuterbüfetts; Mutter von drei Kindern.

1. Auflage, 2021
Copyright © 2021 Susann Heidler, Scheibenberg

Bibliografische Information der Deutschen Nationalbibliothek: Die Deutsche Nationalbibliothek verzeichnet diese Publikation in der Deutschen Nationalbibliografie; detaillierte bibliografische Daten sind im Internet über www.dnb.de abrufbar.

Design/Layout/
Satz/Fotomontagen: Hendrik Heidler
Titelzeichnung: Margaretha Lischer
Zeichnungen: Susann Heidler, Seiten 23, 28, 63, 83, 89, 105, 131
Fotos: Susann Heidler, Seiten 6, 8, 12, 18, 24, 32, 76, 78, 94
                     Hendrik Heidler, Seiten 14, 31, 35, 51, 58, 60, 70, 74, 90, 98, 122
                     via Wikimedia Commons: Ökologix, Seiten 16, 100; Randi Hausken, Seite 26;
                     Adi Holzer, Attribution, Seite 36; Rudolphous, Seite 43; Tomspro, Seite 66;
                     Hariadhi, Seite 92; Yvo Bentele, Seite 112; Sondrekv, Seite 114;
Herstellung/Verlag: BoD – Books on Demand, Norderstedt
Made in Traumzeit
ISBN: 978-3753458465
www.traumzeitpraxis.de

GEDICHTE

VERTRAUEN

Vertrauen geschenkt
als zarte Blütenblätter
im Meer der Dunkelheit.

Vertrauen gelacht
als strahlendes Leuchten
im Grau der Nacht.

Vertrauen gedacht
als stiller Hoffnungsträger
im Irrsinn der Welt.

Vertrauen getanzt
als schwungvolle Drehung
im Takt der Zeit.

Vertrauen geliebt
als wilde Lust
im alltäglichen Lügenbild.

Vertrauen gewoben
von Mensch zu Mensch
von Herz zu Herz
als Kraftquelle des Lebens.

8. Februar 2012

DER TRAUM VOM SEIN

Sonne erwärmt meine Gedanken,
welche so oft miteinander zanken.
Genieße die Ruhe des Waldes,
erlebe Vertrauen durch Altes.

Erträume die Welt des Miteinanders,
lebe im täglichen Gegeneinander.
Erscheint so normal,
gerade das ist fatal.

Schwer fällt das Verstehen,
dass ich allein kann nicht gehen.
Bin Teil dieser Gesellschaft,
das Chaos trägt keine Rechenschaft.

Radikale Zerstörung durchzieht die Welt,
eigener Wert bemessen am Geld.
Mit meinen Bedürfnissen wirklich Mensch zu sein,
im Traum es nur möglich erscheint.

Und so träume ich weiter zu sein.
Ich weiß, damit bin ich nicht allein.
Fresse mich durch die Krusten dieser Lebensweise,
das Begreifen bringt mich weiter, ganz leise.

Und vielleicht erwacht die Menschheit
aus diesem Alptraum, der reicht so weit,
bis in die letzte Zelle des Selbstverständnis
erhebt sie sich in voller Kenntnis.

8. Dezember 2015

EINZIGARTIGKEIT

Ich bin davon gelaufen
lange Zeit,
habe mich gewehrt
mit all meinen Möglichkeiten.
Ich konnte es einfach nicht glauben!

Doch immer wieder
kam es mich holen,
zerrte mich ans Licht
mit aller Kraft.

Jedes Verleugnen,
jeder Kampf half nichts.
Das Leben fand mich!

Es leuchtet
in jeden dunklen Winkel
und zeigt mir,
dass ich es bin,
die in ihrer Einzigartigkeit glitzert.

Es zieht mich magisch an,
und trotz großer Gegenwehr
freue ich mich einfach über mich selbst

Und fast wie nebenbei
zeigt meine Seele
nun anderen Wesen
ihre Einzigartigkeit.

12. Juli 2015

DAS LICHT WANDERT MIT DIR

Das Licht wandert mit Dir,
mit jedem Schritt, den Du gehst,
mit jeder Entscheidung, die Du triffst.
Stück für Stück geht es mit Dir.

Auch wenn die Dunkelheit Dich lähmt,
wartet das Licht hinterm nächsten Hügel auf Dich.
Lass Dich nur ein, dann zieht es Dich mit sich
heraus aus der Sicherheit, in der Du Dich wähnst.

In dem Du weitergehst,
obwohl die grauen Wolken über Dir hängen,
lässt Du Dich ins Unbekannte lenken.
Vor Unerwartetem Du nun stehst.

Lass sie vorbei geh`n, die Zeit,
da die Angst vor Veränderung Dich nur Altbekanntes
machen lässt,
und Du Dich mehr tot als lebendig fühlst.
Es ist schon lange so weit.

Es steht kein Versprechen an der Tür,
dass Du glücklich wirst.
Bist Du es, wenn es so bleibt?
Vergiss bitte nicht:
das Licht wandert mit Dir!

10. Juni 2016

TRÄUMEND

Wenn die Gedanken träumen,

gehe ich auf reisen.

Suche nicht,

aber sehe die dunklen Gänge.

Finde das Licht in mir,

und die Schatten.

Ich vergesse das Verstehen,

fühle das Leben

und stelle Fragen.

Antworten nehme ich auf,

trage sie mit mir,

um in Gedanken

weiter zu träumen.

18. Juni 2014

VIEL ZU OFT

Viel zu oft verirrte ich mich
in den dunklen Wäldern,
suchte nach dem richtigen Weg
für mich und mein Leben.

Viel zu oft hörte ich
die Vergangenheit rufen
und mich ins Dickicht
der Schwere zerren.

Viel zu selten wehrte ich mich
gegen die Stimmen, die in mir
und um mich herum
immer das Gleiche riefen.

Viel zu selten drehte ich
das angeblich Unabwendbare um,
und ließ die Schatten
im Wald zurück.

Viel zu viele Steine
lagen auf dem Weg,
und ich glaubte,
ich fände nie heraus.

Viel zu viele Glaubenssätze
pflasterten meinen Weg,
und ich war
auch noch stolz darauf.

Viel zu wenig suchte ich
abseits der Wege,
nach den Möglichkeiten
für mein Weiterkommen.

Viel zu wenig zündete ich
das Licht der Hoffnung
in mir an
und lief einfach weiter.

Und jetzt?
    Ich laufe immer noch,
    und manchmal
    erscheint der Wald stockdunkel,
    und ich könnte
    schreiend davonlaufen.

Doch viel häufiger
sehe ich Licht
durch die Baumkronen blitzen,
und bunte Blumen
leuchten für mich.

Dann laufe ich weiter.
    Und manchmal
    kann ich es kaum glauben,
    welch helles Licht
    aus mir heraus scheint.

Und dann laufe ich weiter
und lächle dankbar
vor mich hin.   18. Februar 2016

REGENBOGENREISE

Zu Hause nehme ich meine Einzigartigkeit an,
kann ich die schillerndsten Farben sehen.
Sie formen einen Regenbogen,
kräftig und durchscheinend zugleich.
Ich kann auf ihm fliegen,
immer höher in mich hinein.
Weißes Licht zieht mich magisch an,
bis es dichter und undeutlicher wird.
Schließlich erscheint ein schwarzes Loch,
immer größer wird es.
Nimmt mich auf
in samtener vollkommener Schwärze,
und ich weiß nun wo ich bin:
Zu Hause

9. Juni 2015

GÖTTLICHKEIT

Die warme Wiese unter meinen Füßen

läßt mich spüren, dass ich aus Erde bin.

Uns verbindet die gleiche göttliche Kraft.

Sie lacht mir aus spielenden Kindern entgegen,

ebenso wie sie in der Kastanie sitzt.

Und ich?

Erst langsam besinne ich mich auf mein Wesen.

Oft genug bedecken mich Schuldgefühle und Scham,

statt die Götllichkeit in mir zum Leben zu befördern,

sie singen und tanzen zu lassen

in steter Verbindung zu allem Göttlichen

was uns am Leben erhält.

1. August 2015

Meine Welt

In mir träumt die Leere
von den Welten, die ich seh`.
Wenn es so doch immer wäre,
diese Klarheit um den Platz.

Auf der Wiese hier mit mir
ist das Leben einfach da,
Schmetterlinge tanzen hier
durch die frühlingswarme Luft.

Sehnsucht, einfach mitzutanzen
in die Welt des Unbekannten.
Die Gedanken immer tiefer sanken,
Raum in mir ist genügend da.

Kann nicht liegen hier den ganzen Tag,
muß zurück in „diese Welt".
Ob ich dort mein Leben wag,
trotz der vielen Grenzen?

Weiß nicht, wie es gehen soll,
bin so ratlos wie vorher.
Hab` vergessen längst den Groll,
will nur leben „meine Welt".

15. April 2015

WARTE MIT MIR

Bleib bei mir, geh nicht weiter.
Warte mit mir, bis das Licht flüchtet
und die Dunkelheit
ihren Mantel über uns legt.
Er wärmt uns in kalter Nacht.

Bleib bei mir, geh nicht weiter.
Warte mit mir, bis das Licht
uns gegenseitig erkennen lässt
und die Sonne
mit unserer Herzenswärme tanzt.

Bleib bei mir, geh nicht weiter.
Warte mit mir, bis die Dämmerung
uns die harten Kanten nimmt
und uns weich
mit der Umgebung verschmelzen lässt.

Bleib bei mir, geh nicht weiter.
Warte mit mir, bis die Stille
ihren Schleier über uns tanzen lässt
und uns erlaubt
ohne Lärmen uns selbst zu hören.

Nun geh weiter,
warte nicht auf mich,
sondern zeige dich,
so wie du bist.

24. Februar 2018

SELBSTLIEBE

Ohne sie geht es nicht,
das weisst du wohl.
Sie ist dein inneres Licht,
ohne sie bist du hohl.

Doch ist sie nicht mit Leistung zu haben,
Kontrolle lässt sie fliehen.
Sie will sich an Entfaltung laben,
mit dir und weichen Wolken ziehen.

Doch ihre Gegner zeigen sich von Kindesbeinen an,
Zweifel und Ablehnung stehen dicht beisammen,
ziehen fast täglich neue Gewänder an.
Die Selbstliebe kuschelt sich dicht zusammen.

Mit den Jahren gefällt es ihr tief drinnen gut.
Du findest sie fast nicht mehr wieder,
und dich verlässt langsam der Mut,
eingesperrt im zu engen Mieder.

Du spürst das Fehlen der Kraft,
bist unzufrieden mit deinem Leben.
Täglich größer wird die Last.
Wirst du dir selbst die Befreiung geben?

Eines Tages ist es endlich so weit:
Du stellst dich den riesigen Schatten,
bist für deine Suche bereit
und begibst dich auf den Weg zu dir selbst.
Es ist soweit!

4. September 2018

Neid

Es frisst an mir.
Es zerrt an mir.
Entsetzen macht sich breit.
Es ist mal wieder soweit.

Er verstellt mir den Blick.
Er weicht nicht zurück.
Er bekämpft mein Glück.

Neid.

Ich weiß um den Unsinn
und fühle mich hilflos.
Ich merke die Löcher,
die der verstellte Blick
in mich frisst.

Nur mein Licht
kann sie wieder füllen.
Aber der Gedanke
frisst weiter und weiter:
Ich will, was Du hast!

15. September 2014

DAS FENSTER

Plötzlich springt es auf!
Die Sonne geht ihren Lauf,
wärmendes Licht auf meinem Gesicht.
Hoffnung keimt aus dem scheinbaren Nichts.

Ganz offen das Fenster steht,
als möchte es rufen: Seht!
Die frische Brise wirbelt wild
und wirkt doch unglaublich mild.

Ich atme völlig auf,
jeden Rückhalt gebe ich auf.
Die Stille des Lächelns mich wärmt,
sanftes Glockengeläut in der Ferne lärmt.

Plötzlich schlägt es zu!
Die Sonne verschwindet im nu,
dunkle Schatten tanzen über mir,
werde gepackt von grausigem Getier.

Geschlossen das Fenster bleibt!
Unheimliche Leere erscheint.
Hoffnung erstirbt im zarten Keim,
alles bleibt ohne sinnvollem Reim.

Ich fühle die Taubheit meiner Glieder,
doch weiß, ich muss es versuchen, immer wieder.
Aufstoßen das Fenster zum Licht,
sonst bleib` ich verloren im Nichts.

8. März 2016

TÜR INS NEUE

Dunkle Schleier verdichten sich
zu einem Schwarz gar undurchdringlich.
Schwerelos im Raum bewegt,
innerlich gar still erregt.

Warte auf die Tür hinaus,
unsteter Blick tastet sich voraus.
Angstvoll bleibe ich zurück,
träume doch vom Glück.

Seh` im Walde leuchtend Grün,
tanzende Blätter zeigen sich kühn
im noch dunklen Geäst der Bäume.
Wirkt wie zart gewebte Träume.

Nehm` die Hoffnung dieser Bilder mit mir.
Ein Schatz sanft bewahrt in mir
will heraustreten aus dem Alten,
hoffe Neues wird sich dann gestalten.

10. Mai 2017

DER MOMENT

Es kommt der Moment,
an dem ich erkenne,
dass ich allein bin,
in meinen Gedanken,
in meinen Gefühlen,
in meinem Handeln.

Es gibt keinen Menschen,
der meine Dinge regelt,
der meine Ansichten vertritt,
der meine Hoffnungen lebt.

Ich erkenne,
dass diese Gesellschaft
mich nicht trägt.

Ich bin ein Teil des Ganzen,
ein Teil der Erde unter meinen Füßen,
ein Teil der Bäume um mich herum,
ein Teil des Himmels über mir.

Ich spüre das Verständnis der Tiere,
ihre Verbundenheit,
die Liebe einzelner Menschen
und ich genieße mein All ein sein.

4. September 2014

Die Stille, die dich liebt

Weiches Gras unter den Füßen
lässt deine Energie wieder fließen.
Weiße Wolken ziehen über dir
und bringen deine Träume zu mir.

Der Wind verbindet das Lachen
mit den Tränen in deinem Herzen.
Alte Trauer trägt er fort
an einen unbekannten Ort.

Fühlst die Erde dich tragen
und hörst dich noch sagen:
Wie schwer du bist.
Und noch gar nicht merken,
dass es schon viel leichter ist.

Auf einmal regt sich die Ruhe in dir,
und wie zarte Blüten sprießt sie
und erfüllt dich mit leisem Lächeln
und feuchten Augen, die still leuchten.

Und die Seele hellt sich auf,
die Ahnung vom Glück breitet sich aus,
und du musst nichts weiter tun,
als es zuzulassen.

Du kannst es nicht festhalten,
aber es wird angenehmer und leichter,
je mehr du es so sein lässt und genießt,
ganz in der Stille, die dich liebt.

10. Juli 2016

KREIS

Im Kreis
ist alles rund,
die Ecken des Lebens
verblassen.

Niemand
tritt hervor
oder fällt
gar zurück.

Ein Jeder
erhört und geachtet,
für Worte
genau wie für Stille.

Respekt
als Grundprinzip
außerhalb
jeder Hierarchie.

Das Feuer
in der Mitte
als Botschafter
der Liebe.

Wir Menschen
als Träumer
einer neuen
Gemeinschaft.

Inmitten
von harten Kanten
ein Kreis
der Hoffnung.

Geschützt hören wir
die Tropfen des Regens,
lauschen
dem Raunen der Bäume.

In Dankbarkeit
für jeden Kreis
der uns
spüren lässt.

2. April 2015

Rennen

Es ist mal wieder so weit:

Ich möchte rennen,
so weit mein Auge reicht.
Weit weg rennen,
ohne mich umzudrehen,
ohne ein Ziel vor Augen.

Ich habe den Halt in mir verloren.
Möchte rennen,
und kann doch kaum gehen.
Will fliehen vor mir selbst.
Nehme es hin,
dass ich die Liebsten von mir stoße.

Ich weiß um das Glück in meinen Händen,
und bin trotzdem bereit es zu zerstören?
Fast scheint es mir gut zu sein,
dass die Kraft für Entschlossenheit fehlt.
Gönne mir Stille und Liebe.

Ein wenig verschwinden die eigenen Diebe,
welche das Glück mir nehmen wollen.
Doch ich weiß, es braucht nicht viel,
dann möchte ich wieder rennen
ohne mich umzudrehen.

24. Juli 2016

SIRIUS?

DRAHTSEILAKT

Kreisverkehr in meinem Kopf
mit der Frage des Warum.
Weiß, ich bin nicht dumm.
Brodelt´s gar wie in dem Topf?

Ohne Bremse ging die Fahrt
bis ins Tal der Dunkelheit,
Haltlosigkeit weit und breit.
Zurück bleibt Leere ohne Rat.

Wein als Seelentröster
stellt sich gern bereit,
auch wenn das schlechte Gewissen bleibt.
Abgeben ist schon lange keine Lösung mehr.

Scheinfrieden auf dem Drahtseil,
ja keinen falschen Schritt,
dann fällt der letzte Funke mit.
Nur die Reue nimmt noch Anteil.

Meinen Zauber trink ich weg
ohne jegliche Skrupel.
Mit dem falschen Gesell
fühl´ ich mich erst recht wie Dreck.

Warum dann der hohle Tanz
auf dem viel zu dünnen Draht?
Endstation für diese Fahrt,
Glück gehabt, ich bin noch ganz.

16. März 2016

WARUM

Ich frage mich,
warum fällt das Lachen schwer
und fühle ich mich so leer.

Ich frage mich,
weshalb kann ich nicht mehr hoffen
und glauben, es wird gut.

Ich frage mich,
wieso erfüllt mich das Kinderglück nicht,
obwohl es so herzlich ist.

Ich frage mich,
was muss geschehen, damit ich
die Liebe wieder spüren kann.

Ich frage mich,
warum nur erscheint das Leben
so unerreichbar weit weg.

23. Mai 2014

VERTRÄUMT?

„für Elisabeth"

Geträumte Hoffnung
hoffnungsvolle Liebe
liebende Partner
partnerschaftliche Zeit
zeitiges Kinderglück
glücklose Elternschaft
geschäftiges Bemühen
bemühtes Verstecken
versteckte Gefühle
gefühlskalte Starre
starriger Eigensinn
eigensinniges Zerstören
zerstörte Träume

Verträumt?

Träumende Neuzeit
zeitlose Hoffnung
hoffnungsvolle Veränderung
veränderndes Leben
lebendiges Wesen

April 2013

GLÜCKLOSES GRAU

Traumlandschaft in Grau getaucht,
unwirklich dem Glück beraubt.
Könnte doch so strahlend sein,
fühl mich endlich nicht allein.

Weiß nun was ich wirklich kann,
bleibe stetig an mir dran.
Will gestalten und auch lernen,
was für Kräfte in mir stecken.

Doch dem Zwang der Finanzierung
kann ich nicht entgehen.
Furchtbar dunkle Wolken kann ich sehen.
Und so fällt das Atmen langsam schwerer,
wird mein Kopf nun immer leerer.

Panik und Verzweiflung macht sich breit,
zufriedenes Leben erscheint so weit.
Sehe weiße Pferde vor mir rennen,
können sie die Lösung kennen?

Doch ihr Weg führt sie zurück,
sie bringen mir kein Glück.
Muss im Dunkeln weiter laufen,
es bleibt mir keine Zeit zum Verschnaufen.

Weiß nicht wann es heller wird.
Ist das Gras dann gar verdorrt?
Werd´ es nehmen, wie es kommt,
will mich nicht zerbrechen lassen.

10. März 2017

Schwarze Vögel

Schwarze Vögel kreisen über mir.
Den ganzen Tag schon, über mir,
egal was ich tue,
egal wohin ich gehe,
sie ziehen ihre Kreise über mir.

Es legt sich die Schwere um mich.
Wie ein dicker Mantel legt sie sich um mich.
In mir träumt ein dunkler Traum.
In mir breitet sich die Leere aus.
Und die Schwere legt ihre Schleier um mich.

Die Tränen brennen sich in meine Haut.
Wie Narben fressen sie sich in meine Haut.
Obwohl ich versuche mich zu sehen,
obwohl ich versuche nicht aufzugeben,
zeichnen die Tränen ihre Spur in meine Haut.

Die schweren Gedanken versuche ich zu betäuben.
Die schmerzhaften Gefühle versuche ich zu betäuben.
Doch so wird es nicht gelingen,
doch so kann mein Herz nicht wieder singen,
wenn ich doch alles versuche zu betäuben.

Ein Ausweg scheint so meilenweit weg.
Ein Lichtblick scheint so meilenweit weg.
Und trotzdem muss ich es wagen,
und trotzdem will ich nicht verzagen,
auch wenn die Hoffnung so meilenweit weg scheint.

7. Oktober 2016

SCHATTEN

Die alten Schatten verblassen,
fast haben sie mich verlassen.
Meine Seele atmet dankbar auf,
ich lasse dem Leben freien Lauf.

Doch plötzlich zeigen sich neue Schatten,
ich spüre meine Hoffnung ermatten.
Schon länger erahnte ich sie,
doch die Plötzlichkeit erschütterte mich doch tief.

Kann es noch immer nicht glauben,
wie Gespenster, die mich berauben.
Ich war so dankbar über mein Glück,
und jetzt nehmen sie es einfach zurück.

Ratlos stehe ich vor ihnen,
ironisch sehe ich sie grienen:
„Uns entkommst Du nicht!
Wir spucken Dir einfach ins Gesicht!"

Angewidert drehe ich mich weg,
sehe euren ganzen Dreck.
Doch es ist nicht der meine,
reiß mich los von eurer Leine.

Beißend wie ein scharfer Wind
bringt es Klarheit, wie wir sind.
Gehe weiter, trotz der Schattenzeit,
ist der Weg auch schwer und weit.

10. Februar 2017

GRAT WANDERUNG

Graue Wolken hängen tief,
hüllen mich fast gänzlich ein.
Zarte Gedanken, die ich rief,
kommen nicht zu mir herein.

Schwere füllt mich völlig aus,
ebnet altbekannten Schatten ihren Weg.
Suche doch den Blick hinaus,
Lichtgedanken, die ich leg´.

Laufe still den Grat entlang,
jeder kleinste Schritt ein Wagnis.
Winzige Hoffnung in mich drang,
droht im Dunste zu ersticken.

Will sie hüten tief in mir,
um mich wieder zu erträumen.
Schwerelos getanzt ein Wir
kann im Leben schäumen.

4. November 2015

KREISVERKEHR

Ich weiß nicht,
wie lange ich hier schon stehe.
Es mir scheint,
als würde ich mich im Kreis drehen.
Und wenn ich glaube
den richtigen Weg für mich zu gehen,
stehe ich schon im nächsten Kreisverkehr.

Doch es fehlt die Ausfahrt,
vor mir Stau,
in mir Lähmung,
Verzweiflung,
warum dreht sich alles in mir?

Es kommt kein freundlicher Polizist,
der mich weiter winkt.
Noch immer sitze ich hier,
während um mich herum
eins nach dem anderen in die Luft fliegt.
Verbrannte Erde.
Doch wo bleibt das frische Grün?

Immer wenn es ein Stück vorwärts geht,
verpasse ich wieder die Ausfahrt.
Und kurze Zeit später
sitze ich wieder da,
die gleiche Lähmung erfasst mich,
und niedergeschlagen
warte ich auf ein Weiterkommen.

So warte ich immer wieder,
und das Leben zieht an mir vorbei.
Warum steige ich nicht aus?
Warum renne ich nicht über die Wiese?
Warum finde ich meinen Weg nicht?
Die Lähmung hält mich gefangen.

6. Februar 2017

EINGEHOLT

Viele Jahre brauchte es
bis es endlich verblasste.
Viele Tränen rannen
dem Schmerz hinterher.
Viele innere Kämpfe
stellten sich dem Aufgeben entgegen.
Viele Stunden der Verzweiflung
ließ ich langsam hinter mir,
dank der Liebe
die ich doch noch erfuhr.

Doch nun ist es wieder da,
nicht durch mich erschaffen.
Ein einziger Schlag
ins nackte Fleisch der Wunde
lässt den alten Schmerz
lichterloh brennen.

Hilflos sehe ich zu
wie es mich verbrennt.
Leere Hülle bleibt zurück.
Weiß nicht wie es weiter geht,
will nicht mehr geopfert werden.
Fühle mich nur eingeholt.
Niedergestreckt,
zum wievielten Mal?

22. Februar 2017

Dunkelheit

In der dunkelsten Zeit
wird die Dunkelheit dein Freund.
Erst wehrst du dich dagegen,
doch jeden Tag wird sie dir vertrauter.
Sie bleibt an deiner Seite
und lässt dich nicht allein.

Irgendwann fühlst du dich
fast sicher in deiner Dunkelheit.
Wenn Farben oder gar Licht
dich berühren wollen,
drehst du dich weg,
so fremd erscheint es dir nun.

Eines Tages begegnet dir
samtene Nachtschwärze,
völlig unbekannt und undurchdringlich.
Schnell flüchtest du
auf den Weg der Dunkelheit zurück,
seine Spuren kennst du.

Und du ahnst,
dass in der undurchdringlichen Schwärze
nur eins sein kann:
Strahlendes Licht.

4. Oktober 2016

FALTEN DER VERGANGENHEIT

Die Falten der Vergangenheit
graben sich tief in mein Gesicht.
Dunkle Schatten zeigen sich,
aber auch zarte Linien von Licht.

Auch wenn die Wunden sich bereits
vor langer Zeit geschlossen haben,
sind die Erfahrungen tief
in meine Seelenhaut eingegraben.

Täglich neu pflege ich
meine altbekannten Falten.
Statt neue Ufer zu suchen,
halte ich mich am Alten.

Immer wieder zeichnet das Leben
auch neue Falten in meine Haut.
Angst und Verwirrung
schreien in mir laut.

Erstarrter Schwermut
macht sich in mir bereit.
Ein stummer Schrei
nach Liebe bleibt.

21. Februar 2019

SO LANGE

So lange warst du an meiner Seite,

hast mein Leben gefüllt,

mit Regen und Sonnenschein.

Bist gewachsen

in meinem Schutze.

So lange hast du mich gefordert,

hast meine Grenzen ausgelotet

und mein Vertrauen geprüft.

Bist weiter gegangen,

Stück für Stück.

So lange hat die Sehnsucht dich gerufen.

Wie schmerzlich zuzusehn.

Der Wunsch nach Nähe

und Anerkennung so groß.

Hast viel geopfert dafür.

So lange hast du gewartet,

bis sich endlich ein Ausweg,

eine Hoffnung für dich bot,

vielleicht zu bekommen,

was du dir wünschst.

So lange ich dich liebe,

kann ich dich nicht verlieren,

dachte ich noch.

Doch deine Sehnsucht

trägt dich fort.

So schnell musste ich dich gehen lassen,

dass die Zeit

wie ein Windhauch verweht

und mich

stumm zurücklässt.

1. September 2019

ZERSPLITTERT

Gehalten von uns,

getragen durch Liebe

und Verständnis

glaubte ich an ein Wir.

Deine eigene Wahrnehmung

verdrängt durch digitale Abstraktion.

Dein Festkrallen

an der Angepasstheit.

Fremdgesteuert,

ohne es zu merken,

bereitet den Boden

für Hass und Selbstgerechtigkeit.

So wie ich falle

in den Spalt

zwischen Menschsein

und politischer Zwangsregulierung,

Z
so zersplittert

mein Glaube an uns,

an Miteinander,

an Vertrauen.

Deine Unfähigkeit

mir zuzuhören,

mich zu erhören

lässt mein Herz zerspringen.

Entsetzen und Hilflosigkeit

bleiben zurück.

18. August 2020

Haltlos

Wo finde ich Halt?
Gehe viel in den Wald.
Dort spült es die Träume in die Wiese
und ich hoffe, dass man uns Mensch sein ließe.

Jahr für Jahr, so viele Kämpfe gefochten.
Immer wieder gestellt den Schatten, die wir nicht mochten.
Doch was ist geblieben von unserem Wir?
Traurige Einsamkeit ist in mir.

Nein, es wird wohl kein Siegen geben.
Meine Träume mal wieder zu Grabe legen.
Ich weiß nicht, ob ich mich wieder zusammenfügen kann.
Vielleicht ist auch aufgeben dran.

Hoffnung verschwindet hinter dunklen Gestalten,
welche unser Leben wollen verwalten.
Der Halt bricht weiter weg, im außen und in mir.
Gehe ich verloren oder finde ich irgendwo das Wir?

2020

Entscheidung des Herzens

Getroffen aus Liebe zum Leben
mit dem Wunsch, sich selbst etwas zu geben.
Ehrlich zu sein, wenn auch mit Angst im Genick.

Viele Jahre jeder Widrigkeit gestellt.
Immer wieder hat sich Hoffnung dazu gesellt.
Gekämpft und geträumt um jedes bisschen Glück.

Materieller Verzicht zugunsten der Freiheit und des Seins.
Wirkliches Zaudern gab es keins,
und auch keinen angstvollen Blick zurück.

Mit Licht und Liebe den Zweifeln entgegen.
Die Schatten der Vergangenheit waren kein Segen,
und doch ein Teil des Weges.

Doch nun der Schlag, der mich zu Boden zwingt.
Ein Preis, der unbezahlbar klingt
und Schmerz und Verzweiflung bedingt.

Tränen bilden irgendwann einen Fluss,
dem das Leben folgen muss
und wo ein neuer Weg geboren wird.

10. März 2021

STERNE VERMISST

Ein leiser Wind,
die Blätter rauschen kaum hörbar.
Klar und kühl der Himmel.
Wärmende Herbstsonne erreicht
mich nicht.

Es stirbt das Leben
ohne Neubeginn und Wiederkehr.
Es war schon tot,
bevor die Blätter rauschten,
kaum hörbar.

Eine Windboe trägt das Bild fort,
die Nacht klart auf.
Die Sterne am Himmel leuchten
für mich,
ein neues Leben mit Zuversicht.

26. September 2009

WinterSchmerz

Keine kraft mehr.
Schnee fällt leise nieder,
deckt alles zu.

Die Ruhe wärmt,
lässt den Schmerz ertragen.
So lange
bis die Wunden wieder reißen
und es unerträglich wird.

Der Wind tanzt mit den Flocken,
ich sehe das Spiel und weine.
Die Tränen befreien,
verbinden sich mit dem Schnee.

Ein neuer Kreislauf.
Was wird er bringen?
Wird es irgendwann nicht mehr weh tun?

Werden Träume wahr?

2008

Das falsche Selbst

So lange schon begleitest du mich
und zeigst überall stolz dein Gesicht.
Du hältst mich fest
und lenkst meine Schritte.
Ich lasse es zu,
denn so bleibt tief in mir
ein Platz einsamer Ruh`.
Dort tröste ich mich,
gebe mir selbst die vermisste Umarmung,
und schaue voll Sehnsucht aufs Meer.

Das Leben lebt mein falsches Selbst.
Es erzwingt die totale Kontrolle.
Es schottet mich ab,
will mich beschützen
und schießt dabei mit Kanonen auf Spatzen.
Verbrannte Erde bleibt zurück.

Hilflos sehe ich zu,
verurteile mich für meinen Krieg,
den ich nicht führe.
Zweifle an meiner Kraft,
bin froh, dass die „Andere" klärt.
Ich weiß nicht,
wie ich wirklich leben kann.
Bleibe lieber allein,
lasse niemanden zu mir rein.

29. Juli 2018

DER EINDRINGLING

Unscheinbar erschien Er.
Durch sein Geschick stieß Er kaum auf Gegenwehr.
Er nahm sich, was Er wollte.
Dem inneren Zwang Er Tribut zollte.

Verletzend war sein Weg,
der eigene Abgrund unter dem Steg.
Seine Macht spielte Er gnadenlos aus,
den Opfern ein Graus.

Sein Ende kein Schönes war.
Ein wenig Gerechtigekit gar?
Den Opfern die Lebensaufgabe gestellt.
Den Blick auf die Wunden durch Verdrängung verstellt.

Ungesühnt bleiben die Taten,
der Schmerz und die Wut entladen.
Die Narben bestehen ein Leben lang.
Die Erinnerung präsent beim Berühren entlang.

7. April 2013

E s

Lautlos.
Es schlich sich an
ohne Gewissen.
Es riss sie mit
in den angstvollen Strudel.

Die Kinderseele ohne Schutz
ließ es herein.
Ihr Vertrauen benutzt
zum eigenen Lustgewinn.

Lautlos.
Es schlich sich weg
ohne Reue.
Es ließ sie zurück
mit zerstörtem Herzen.

Die Seele unvergessen
schreit in ihrer Not
und wartet auf Heilung
bis zum heutigen Tag.

6. November 2013

INZEST

Allein gelassen in der Dunkelheit Deiner Hilflosigkeit.

Allein gelassen im Schmerz des Verrats.

Deine Suche nach Liebe führt ins Leere.

Deine Suche nach Schutz führt ins Nichts.

Ausweglosigkeit als Lebensinhalt.

Eigenes Abtöten als Zukunftsperspektive.

Deinen Körper spürst Du schon lang nicht mehr.

Deine Seele lebt an einem fernen Ort.

Der schwere Mantel des Schweigens deckt das Unfassbare zu.

Die Erfahrung des Wegschauens deckt Dein Leben zu.

Schnitt – es hört nicht auf

Du tanzt auf dem Drahtseil Deinen verzweifelten Tanz der Normalität.

Heimatlos ziehst Du Kreise und kommst doch nicht weiter,

schaust aus Deinem Glaskasten sehnsüchtig aufs Leben.

Es lebt schon so lange ohne Dich.

Du weißt nicht, wofür Du hier bist, wofür Du gut bist.

Du siehst nie, wie wunderbar Du bist.

Du erkennst nicht, dass Du nichts dafür kannst.

In Dir träumt die Verzweiflung ihren Alptraum weiter, egal wohin Du läufst.

Die Monster der Vergangenheit holen Dich gnadenlos ein.

Du wünschst Dich nach Hause und kannst es nicht finden,

weder im außen noch in Dir.

Und Du erkennst, Deine Seele lebt immer noch an einem fernen Ort.

Wann kommt sie wieder?

Schnitt – es geht weiter

Laut ruft die Seele Deinen Namen.

Du willst nicht mehr warten, auf das Wunder.

Du hast die Schlüssel zu Deinen Kerkern in der Hand,

stehst mit dem Rücken an der Wand.

Die Schuld ist nicht Deine, doch scheint sie an Dir zu kleben.

Du kannst diese Haut nicht ausziehen, nur lieben lernen.

Schäme Dich nicht für die Schamlosigkeit der Anderen.

Das Leben wartet auf Dich.

Auf Dich, so wie Du bist, mit all Deinen Wunden und Narben.

Und so lange Du nicht sehen kannst, wie schön Du bist, übernehme ich das.

So lange, bis Du bereit bist, Dich mit meinen Augen zu sehen.

19. Oktober 2017

VÄTERLICHE HÄRTE

Die Form zeigt sich verdeckt,
Hoffnung immer wieder erweckt.
Um Anerkennung und Liebe gerungen,
jedes Gebet mehrfach gesungen.

Doch väterliche Härte verhindert,
das eigene Selbst ständig gemindert.
Weibliche Kraft wird verbannt,
nur Erfolg und Leistung relevant.

Prinzipien als Lebensziel gestaltet,
Gefühle als wertlos verwaltet.
Dem Tode verpflichtet,
entgegen dem Seelenwunsch gerichtet.

Das Erkennen als Möglichkeit hilft:
ein Leben was Ich so nicht will.
Gehe auf Suche nach dem eigenen Glück,
Traurigkeit bleibt zurück.

9. August 2014

ERTRINKEN

Ein Fluß voller Tränen
spült jedes Gefühl hinfort.
Die Hand auf der Suche
nach einem Stöckchen voll Halt.

Erinnerungen überschatten die Zeit,
lähmen den klaren Blick.
Bekannte Hilflosigkeit
nimmt die Kraft für jedes Geschick.

Die Liebe als Ausweg erkannt,
doch erscheint sie unerreichbar.
Der Fluß wird zum Strudel
und reißt die Hoffnung mit sich fort.

Die Liebsten hinter Plexiglas.
Ich sehe sie rufen,
doch das Rauschen der Strömung
läßt keinen Platz für Töne.

Der Atem wird ruhiger,
die Arme zu schwach.
Immer weiter treibt es mich hinab,
tiefer und schwerer.

2013

Krise

Wolken ziehen schnell vorüber,
denn der Wind treibt sie voran.
Meine Gedanken schweben dicht heran,
schon vom Sturm zerzaust.
Finde weder Anfang noch ein Muster.
Alles was ich sicher hielt,
hat sich von mir losgesagt.
Nun bewegt sich sanft die Erde,
doch mein Herz bleibt stumm.
Im Moment der größten Lust alles aufzugeben,
kam die Göttlichkeit in ganz ungewohnter Art.
Sie hält mich fest und ich mich an ihr.
Die Traurigkeit blieb leis` zurück
und die Fetzen hängen fad in mir,
doch vor mir sehe ich die Schmetterlinge flattern.
Ahnungslos von meiner Pein
spür` ich deutlich Wege
im dichten Nebel liegend.
Ich taste mich ganz blind hindurch.
Doch wer weiß,
vielleicht reißt ein Sonnenstrahl
dieses Dickicht entzwei,
und ich träume meinen Weg
bunt und lachend.

30. Juli 2015

Beben

Das Beben erschüttert dich bis ins Mark.
Unter der Fassade bröckelt der Putz.
Die Tapeten hängen in Fetzen von zerstörten Wänden.
Deine Seelenlandschaft erscheint unwirklich und karg.

Du fragst dich, wieviele solcher Beben du noch überstehst.
Aus scheinbar heiterem Himmel
bricht deine Welt in dir zusammen.
Du versuchst deine Schätze und Hoffnungen zu retten,
doch in grauem Staub schlichtweg alles vergeht.

Was passiert da mit dir?
Du verstehst es einfach nicht.
Selbst im außen verlierst du langsam
aber sicher dein Gesicht.
Welche Kraft hält dich denn noch hier?

Wenn der Sturm sich langsam legt,
suchst du dich unter den Trümmern.
Baust deine Träume vielleicht noch bunter wieder auf,
der Schmerz deiner Seele nun nach Hause geht.

Doch tief in deinen Eingeweiden bleibt sie,
die unsagbare Angst vorm nächsten Beben.
Und du baust deine Mauern noch höher,
obwohl du genau weißt,
die nächste Erschütterung halten sie nie.

27. Januar 2016

TraumGespenster

Sie kommen bei Tag

und des nachts.

Manchmal leise angeschlichen

oder plötzlich krachts.

Betäubt und erschrocken

weichen wir zurück.

Wollen nicht sehen und hören,

genommen das trügerische Glück.

Wir wiegen uns in Sicherheit,

mit unseren Sorgen und dem Leiden.

Bitte keine Veränderung!

Alles soll so bleiben.

Sie kommen bei Tag

und des nachts.

Manchmal leise angeschlichen

oder plötzlich krachts.

Erbarmungsloser Spiegel unserer Seele
will unsere Entfaltung.
Unsere Träume drängen ans Licht,
zeigen uns die Richtung.

Doch unsere Entscheidung ist gefragt.
Weiter verstecken vor der Kraft,
oder hinschauen was ist
in bedingungsloser Bereitschaft.

Sie kommen bei Tag
und des nachts.
Manchmal leise angeschlichen
oder plötzlich krachts.

Je größer unsere Verweigerung,
um so klarer werden sie sein.
Und stellen wir Fragen an sie,
dann können wir sein.

Mit zitternden Beinen
und angstvollen Blicken
weichen wir nicht mehr zurück,
und endlich macht es: Klick!

24. April 2014

NACHTLICHT

Der Dunkelheit Vertrauen geschenkt,
und doch tägliche Quälerei.
Der Flucht ins Dunkel fröhlich gefolgt,
und doch ein angstvoller Blick zurück.

Die Furcht vorm Entdecken
zur unüberschaubaren Mauer getürmt.
Verkrochen in feuchten Kellern,
das Atmen schwer und gehetzt.

Doch durch die Ritzen der Mauer
ist es erahnbar, spürbar,
wie ein Kribbeln im Bauch.
Schnell weiter ins Nirgendwo versteckt.

Doch es kommt näher
Stück um Stück,
zerbricht jede Mauer:
das eigene Licht.

Ergeben, zitternd vor panischer Angst
erreicht der erste Lichtstrahl das Ziel,
zeigt was verborgen blieb.
Lässt leuchten, lässt strahlen.

Kein Ausweichen mehr möglich.
Nur Hinschauen befreit,
nur Erkennen verzeiht.
Das Nachtlicht hat sein Ziel erreicht.

2013

DAS MEER SPRICHT

Es rauscht heran,
spricht mich an,
mit tosender Stimme
und sanftem Klang.

Schau hin!
Schließe die Augen
und schau genau hin!

Du bist Meer
und ich bin mehr.
Und du bist so viel mehr
als du zu glauben scheinst.

Nichts bleibt wie es ist.
Nichts verharrt in sich.
Nur im fließen,
nur im Fluß
kannst du dich spüren,
kannst du wirklich sein.

Du kannst begreifen.
Ergreife deine Kraft!
Gestalte mit aller Macht,
um zu bewegen
und dich gleichzeitig
fortspülen zu lassen,
bis du im Sand versickerst.
Doch dabei formst du
das Land – dein Land.

Lass dich ein,
dann wirst du sein.

23 Juli 2019

Urlaub

Meeresrauschen
Möwenschwingen
Sonnenlicht
Gedankenblitz

Kinderlachen
Windgesänge
Wellentanz
Erkenntniszwang

Himmelblau
Burgenbau
Sandgestöber
Seelenstreichler

Drachenspiel
Muschelfund
Freudenschrei
Traum befreit

19. Juli 2018

MEER

Durch die Wellen trug es mich,
manchmal sanft und warm,
doch oft wild und stürmisch.
Häufig rang ich nach Atem
und verschluckte das salzige Nass.
Doch immer wieder kam ich am Strand an.
Ich stand auf und war wie neugeboren.
Aber immer neue Wellen spülten mich
wieder und wieder ins Meer,
bis ich verstand.
Nun lasse ich mich tragen,
manchmal völlig kraftlos,
tauche tief hinab
und entdecke Neues an mir.
Schmecke Salziges auf meiner Zunge
und weiß, irgendwann
spült es mich wieder in den warmen Sand.

20. Juli 2018

Zarte Berührung

Ein zarter Hauch umwehte mich,
ein weiches Licht senkte sich.
Mit all´ meinen Sinnen spürte ich
den ersten Kuss des Frühlings.

Vielleicht war es mehr ein Streicheln,
ein sanftes Locken seiner Kraft,
ein erstes Lächeln ohne Macht,
was mich dankend empfing.

Diese zarte Berührung zeigte mir,
der Weg aus der Dunkelheit gelingt.
Vom freudigen Frohlocken umringt
bahnten sich Tränen ihren Weg.

Das Geschenk der weisen Ahnung
lässt Schwere nun leichter sein.
Und die Hoffnung ist ganz mein,
in mir mein Licht jetzt heller keimt.

7. Februar 2016

FRÜHLING OHNE UNS

Das Leben beginnt zu sprießen.
Wir wollen wieder genießen.
Doch fühlen wir uns fremd,
zwischen Erwartungen eingeklemmt.

Wir hören das fröhliche Gezwitscher,
doch in uns erklingt kein Lied mehr.
Die Angst, nicht zu genügen
lässt uns ins Raster fügen.

Die Blüten erleuchten in purer Kraft,
doch in uns verrinnt der Lebenssaft.
Wir rennen immer schneller,
und befinden uns doch im Keller.

Kaum Zeit zum Gedankenfluss,
alles erscheint in gequältem Muss.
Das eigene Erblühen schon wieder verpasst,
angebliche Schwächen zusammengefasst.

Frühling findet ohne uns statt,
und das haben wir gründlich satt.
Sogenannte Alltagssorgen fressen uns auf,
und ganz leise geben wir auf.

24. April 2018

WUNDER

Wunderwelt Pflanze
pflanzliche Kraft
kraftvolles Wachsen
wachsende Schönheit
schöne Blüten
blühendes Leuchten
leuchtende Pracht
prachtvolle Früchte
befruchtende Erde
erdiges Wunder

WANDLUNG

Schmelzender Schnee
schneefreie Fleckchen
gefleckter Aufbruch
aufgebrochene Blüten
blühende Schönheit
schönste Zartheit
zarte Kraft
kräftiger Neubeginn
beginnender Frühling

24. März 2015

FRÜHLINGSKLÄNGE

Hörst du auch das zauberhafte Lied,

welches fröhlich durch den Wald zieht?

Jeder Vogel singt ein anderes Stück,

doch gemeinsam erklingt eine Symphonie.

Das helle Grün der Lärche strahlt in der Sonne.

Genießen nicht auch deine Augen diese Wonne?

Gemischt mit dem dunklen Grün der Fichte

zeigt sich die Schönheit der Möglichkeiten.

Ein strahlend-blauer Himmel spannt seinen Schirm

über dich und den Reichtum um dich herum.

Wärmende Sonne lächelt dir ins Gesicht,

und du spürst Deine Kraft in dir erwachen.

Überall kannst du die vollen Knospen sehen,

es ist fast unmöglich an ihnen vorbeizugehen.

Du ahnst die Vorfreude und die Kraft,

die sich ungeduldig darunter verbergen.

Riechst du die frischen Kräutlein auf den Wiesen?

An jeder Ecke kann es nun sprießen.

Und wenn die Sonne schlafen geht,

sehen die Kirschblüten verzaubert aus.

10. Mai 2016

Erster Frühling in der Heide

Weiches Licht auf hellem Braun,
seh' das Rehlein um die Hecke schaun.
Helles Blau am weiten Himmel,
auf dem Boden wildes Ameisengetümmel.

Vögel ziehen ihre Kreise,
laute Stimmen werden leise.
Wolken zieht es sanft vorüber,
Gedanken werden langsam müder.

Fichtenäste tanzen sacht im Wind,
Bäume zeigen sich so wie sie sind.
Schilfstengel wispern um mich rum,
Frühlingsgeschichten gehen um.

Sonnenstrahlen kommen wärmen,
entfernte Stimmen hör' ich lärmen.
Lebenslust drängt wild hervor,
steht bereits vor meinem Tor.

26. März 2017

Vom Anbeginn

Ein Traum schwebt durch die Lüfte,
gewoben aus goldenem Sonnenlicht
verführen die himmlichen Düfte
trotz des wohlig-erdigen Gewichts.

Der Wind trägt ihn in jede Richtung,
leuchtend wie ein Strahlen am Horizont
beseelt es die Blumen auf jeder Lichtung,
saugt jedes Dunkel auf, was kommt.

Göttlichkeit in ihrer reinsten Form
erscheint wie Zauberei.
Das Wunder ohne zerstörerische Norm,
es einfach so sich Leben nennt.

1. Juni 2014

VOLLMOND

Der Mond, der einen Umhang trägt,
der leuchtend am Himmel sich erhebt.
Mit seinem Glanz überzieht er die Welt,
sein Licht unsere Herzen erhellt.

Begeistert starren wir ihn an,
magisch zieht er uns in seinen Bann.
So viel größer er uns erscheint,
ein Einzelner wirkt plötzlich klein.

Doch seine Macht so friedlich ist,
er lächelt mit gütigem Gesicht.
Die dunkle Nacht gibt uns die Sicht,
es gibt immer irgendwo ein Licht.

14. Januar 2020

EIN SPAZIERGANG MIT LAURIN

Wenn die Sonne lacht, so wie heute,

und Du mit mir in den Wald gehst, wie die großen Leute,

dann staune ich über Dich mein Wunder.

Lachend läufst Du, erzählst ganz munter.

Wie Du freudig grüßt fast jeden Baum,

erscheint mir wie ein Traum.

Setzt Dich inmitten der Kräuter und naschst,

über jede Pflanze bist Du überrascht.

Und lässt Du dich fallen ins Gras,

dann nimmst Du nicht Maß,

sondern seufzt erleichtert, wie schön es ist

und genießt mit allen Sinnen was ist.

Manchmal eilst Du voraus ganz geschwind,

dann drehst Du um, und läufst wie der Wind

genau in meine Arme und lachst.
Einfach wunderbar, wie Du das machst.

Und wenn Du Deine kleine Hand legst in meine,

muss ich aufpassen, dass ich nicht weine.

Stattdessen singst Du mit mir

ausgedachte Lieder im glücklichen Wir.

11. Mai 2016

Im Wald

Im Wald vergesse ich
meine schweren Gedanken,
die jeden Schritt sonst
doppelt so mühsam machen.

Stattdessen laufe ich
auf weichem Moos
und klettere leicht
über die Steine.

Im Wald vergesse ich
meine quälenden Sorgen,
die mir wie Diebe
die Hoffnung rauben.

Stattdessen genieße ich
in wärmender Sonne
eine klare Luft
zum frei durchatmen.

Im Wald vergesse ich
meine verzweifelte Suche,
die mich täglich
unsicherer macht.

Stattdessen erkenne ich
die ersten grünen Pflanzen,
welche mutig
ihren Platz einnehmen.

12. April 2015

Liebe

Ich weiß nicht,
ob es wirklich möglich ist,
Liebe in Worten zu beschreiben.
Denn wer kann von sich sagen,
er wisse, was Liebe ist.

Ist es ein Zustand,
ein Gefühl,
eine Wahrnehmung?
Ist es das Kribbeln im Bauch,
oder sind es die Schmetterlinge,
die in meinen Gedanken fliegen?

Ich höre Deine Stimme
und der Ton lässt mich leicht werden.
Ich sehe Dein Lächeln
und kann die Freude in mir spüren.

Ich sehe in Deine Augen
und erkenne Deine Wärme.
Ja, und ich glaube
Dein liebevoller Blick streichelt mich.

Ich rieche Dich,
und es scheint so
als gehöre Dein Geruch
ganz selbstverständlich zu mir.
Und ich möchte ihn nicht missen.

Das schönste aber ist,
wenn ich Deine Haut an meiner spüre.
Dann kribbelt es in meinem Körper
und Zeit und Raum werden bedeutungslos.
Nur Du und Ich im Wir.
Kann es etwas Schöneres geben?

Ist das Liebe?
Es könnte schon sein.
Auf alle Fälle fühlt es sich
wahnsinnig gut an.

Genau so gut,
wie wenn ich sehe,
wie Du strahlst,
wenn Du einen Traum,
eine Idee verwirklichen kannst.

Und wie sehr Du strahlst,
wenn ich das tue.
Noch nie
hat jemand in meinem Leben
so an mich geglaubt wie Du!
Das kann wohl doch nur Liebe sein.
Oder?

12. Mai 2016

SONNENGOLD

Goldene Sonne strahlt in mein Herz,

vertreibt meinen Seelenschmerz.

Warmes Licht legt sich übers Land,

die Gegend trägt ein weiches Gewand.

Auch ich fühle mich weicher,

meine Schritte werden leichter.

Sorgen sanft verschwimmen,

Vöglein lieblich singen.

Der Tag nimmt Abschied

und die Sonne singt ihr Lied,

welches mich so warm umwebt.

So wird Wirklichkeit erlebt.

Mache mich offen und weit,

fühle mich innerlich bereit.

Alle Schranken abgebaut,

klare Sternennacht erlaubt.

28. Mai 2017

Im Nebel

Nebel legt sich still hernieder,
jede Abwehr drückt er nieder.
Kommt in weißen Schwaden dicht heran,
schreite mutig mit dem Kopf voran.

Lasse geschehen, was geschehen soll.
Lasse fallen jede Art von Groll.
Kaltes Weiß hüllt mich nun ein.
Weiß nun endlich, ich kann sein.

28. November 2014

AbendRot

Abendsonne legt sich nieder
über unser trauriges Gemüt.
Wolken ziehen still vorüber
an dem großen Himmelszelt.

Orangerotes Leuchten in schönster Pracht
wirft sein Licht in unser Gesicht.
Viel kräftiger als je gedacht
zeigt sich nun die volle Kraft.

Als wäre es das letzte Mal,
dass die Sonne am Himmel scheint.
Als hätte sie keine andere Wahl,
gibt sie uns jede Farbe des Lichts.

Wir staunen und sehen
dem Dunkel der Nacht entgegen,
und glauben anmaßend
das Morgen bereits zu kennen.

15. Mai 2014

WANDLUNG IN VORBEREITUNG

Goldene Blätter tanzen im warmen Licht der Sonne,
wie verzaubert genießen sie den Herbst mit Wonne.
Lauer Wind berührt zärtlich meine Haut.
Fröhlichkeit wird in mir laut.
Herbstlich duftet es im Wald.
Nochmal warm, bevor es wird dann wieder kalt.

Gehe sammeln weit hinaus,
nicht nur Pilze bring´ ich mit nach Haus´.
Wilde Kräfte lade ich mir ein,
bunte Bilder nebst Gedanken kommen zu mir rein.
Gefühle wärmen mich sanft auf.
Ich weiß, bald bau´ ich mich neu auf.

Denn der Winter träumt bereits vor der Tür,
bald tanzen die Flocken bis zu mir.
Dann ist es Zeit hinabzutauchen ins Sammelsurium.
Ganz im stillen Kerzenlichte schaue ich mich um.
Dann darf das Alte im winterlichen Sturm davon sausen,
und ich keimen, um im Frühjahr wieder aufzutauchen.

18. Oktober 2017

HERBSTSTURM

Dicke Wolken pustet es vorbei,
träumend schaue ich sie an.
Seh´ mich lachend darauf sitzen.
Ach wie sehnte ich Herbststurm mir herbei.

Bunte Blätter wirbeln froh umher,
tanzen ihren letzten Tanz,
ausgiebig und ohne Trauer.
Ob auch mir das möglich wär?

Sonnenstrahlen brechen kurz hervor,
streicheln zärtlich mein Gesicht.
Doch die Wolken tanzen weiter,
Stück für Stück, den Himmel empor.

Ich träume weiter nun
in die dunklen Tiefen meiner Welt,
wo der Wind schon stürmt.
Werde ich gar Verbotenes tun?

Möchte schauen, was hier ist.
Traurig danke ich Verlorenem.
Still erkennend, was ich habe,
lege ich die Samen in den Mist.

Wenn der Winter träumt,
reifen sie in tiefer Ruhe,
während draußen weißer Flockentanz
die Erde schützend säumt.

18. November 2016

ZWEIFELZEIT

Ungefragt klopfen sie an meine Tür.
Reflexartig öffne ich,
wohlbekannt erscheinen sie mir.
Und nun sitzen sie bei mir,
lümmeln lässig in so mancher Ecke,
fast wie gute alte Freunde.

Zweifelzeit ist wieder angebrochen.
Auf altbekannte Art bewirte ich sie freundlich.
Ausgehungert stürzen sie sich auf jegliche Zuversicht.
Überall in mir breiten sich ihre grauen Schleier aus
und verdecken meine Farben.

Oh wie schwer es mir erscheint,
eine Kerze anzuzünden, nur für mich.
Alles was ich glaubte, schon zu sein,
steht nun wieder auf dem Prüfstand.
Und was höre ich für Einwände,
unermüdlich dringen sie immer tiefer in mir ein.

Meine Seele flüchtet, zieht sich still zurück.
Hilflos füge ich mich in mein scheinbar Schicksal.
Doch vor der Tür schüttelt und rüttelt es mich.
Zweifelzeit droht mit Zerstörung.
Müde und verletzt möchte ich mich ihr ergeben.

Doch vielleicht ist es auch Zeit,
endlich mal das Ruder rumzureißen?
War nicht ich es selbst,
die laut „Hier" schrie,
als es ging um die Bereitschaft zur Wandlung?

Und nun sind sie alle gekommen.
Zeit, sich zu verabschieden,
von den so lieb gewonnenen Zweifeln,
welche nicht wollen, dass ich leuchte.
Doch es ist ja mein Zuhause,
ich kann selbst entscheiden.

Und das werde ich auch tun.
Selbst wenn ich noch nicht alle verabschieden kann.
Zweifelzeit darf schon sein,
aber nicht um jeden Preis.

„Also, trinkt schnell aus und verlasst die warme Stube.
Denn ich reiße auf die Tür,
und der kalte Herbstwind stürmt herein
und bläst euch hinaus."

6. November 2016

SCHNEEGESTÖBER

Schneegestöber vor der Tür,

öffnet meine Sinne

für das Gestöber in meiner Seele.

Hier lösen sich alte Flocken,

tanzen nun durch mein Inneres.

Kreuz und quer

mit so wunderbarer Kraft.

Zeigen an, dass ich lebe.

Neubeginn ins Unbekannte.

Und die Angst davor

wird

unter dem Schneegestöber

weggefegt.

Tanzt nun auch

mit durch die Lüfte.

Tiefen Dank

ein jeder Flocke

vor dem Fenster und in mir.

24. März 2015

Wıe es ıst

Eisiger Wind und Schneegestöber
fegen übers Land,
Flockentanz bis an den Rand
nach dem ruhigen Winter.

Winterlinge längst verblüht,
Schneeglöckchen fast ausgeläutet.
Frühlingsduft sich vorbereitet,
war schon so bemüht.

Nun singen zwar die Vögel,
doch der winterliche Schnee
legt den weißen Teppich, ach herrje,
über gelbe Krokusspitzen.

Ein Genuß, die winterliche Ruhe,
knirscht es doch nochmal im Wald.
Kommt das Grün nun wieder bald,
so wie auch die letzten Jahre.

1. April 2015

ALTE LIEDER –
NEUER GESANG

Im freien Fall, mal wieder,
immer die gleichen Lieder.
Willst das eigentlich schon lang nicht mehr,
trotzdem brach zusammen deine Gegenwehr.

So viele andere Töne hast du angeschlagen,
neue Worte hörte ich dich sagen.
Schwebtest sanft zu zarten Melodien,
sah` dich leuchten wie noch nie.

Und auch wild kannst du dich drehen.
Jeder sollte dich so sehen.
Wie du mit den Händen erschaffst,
Kreativität in seiner reinsten Kraft.

Doch die Stürme um dich herum
drehten jede Hoffnung blitzschnell um,
und nun weinst du wieder
diese traurig-trostlosen Lieder.

Wünschte mir, du gräbst sie ein,
könntest einfach leuchtend sein.
Neue Pflänzlein würden sprießen,
deine Träume wollen sie gießen.

Und ein Lächeln zaubert sich
wie von selbst auf dein Gesicht!

23. März 2016

DER MANTEL

Einsamkeit legt ihren Mantel um mich herum.
Schwer drückt er meine Schultern nieder.
Ich spüre die Trägheit in all meinen Gliedern.
Tief im Inneren formt sich die Frage: Warum?

Vielleicht erscheint mir der Mantel als Schutz für mich.
Ich glaube, die Verletzungen tun dann nicht so weh.
Doch die Taubheit dringt durch jede Zelle, oje.
Gefühle sterben ab und Träume bleiben für sich.

Doch werfe ich den Mantel ab, mit meiner Entscheidungskraft,
dann spüre ich die leichte Brise der Verletzlichkeit,
und meine Fühler recken sich und reichen plötzlich so weit.
Ich bin überrascht, was ein Mensch allein so schafft.

Auf einmal weiß ich wieder, ich bin nicht allein.
Ja, ein Gewitter kann zerstörend aber auch reinigend sein.
Und ein Mensch sollte nie einsam sein,
denn wirkliches Fühlen zeigt mir: Ein Jeder darf sein!

31. Mai 2016

LIEBE EWIGE SEELE!

Liebe ewige Seele,
du bist gerufen von mir,
von meiner unglaublichen Sehnsucht
nach dem Leben,
nach der Liebe und der Lust,
nach Tanz und Gesang,
nach Miteinander.

Liebe ewige Seele,
bitte zeige dich mir,
bitte lass mich dich hören,
dich fühlen,
dich riechen und schmecken.
Ich will dich gestalten.

Ich will leuchten so hell wie die Sonne.
Ich will so weich und weit tragen wie Mutter Erde
und frei sein, wie die Wolken am Himmel.
Ich will bunt sein wie der Regenbogen
und glitzern wie die Sterne in der Nacht.

Liebe ewige Seele,
ich will die Grenzen unserer Lebensweise hinter mir lassen
und mich mit den anderen Seelen verbinden,
mich auflösen und wieder neu gestalten.
Ich will in Ruhe und tiefer Stille verharren,
mich spüren
und einfach sein.

04. November 2018

MEINE GEDANKEN

Meine Gedanken,
weit und leicht,
wünschen sich
frei zu sein,
frei von Angst,
frei von Schuld,
frei zum fliegen
und träumen,
wie der bunte Schmetterling.

Doch ihre Zahl
schwindet zusehends.
Zerstörung in uns
und uns herum.
Was bleibt übrig?
Der Flug der Gedanken
zu hehren Zielen
auf verträumten Wegen,
um zu retten
was verloren scheint.

30. Mai 2019

MENSCHEN UND NICHT-MENSCHEN

Der Irrsinn geht weiter,
Tag für Tag.
Für manche fast heiter,
Auge um Auge,
Zahn um Zahn.

Heute heißt es:
100 Bomben für Eine,
100 Leben für Eines
und Niemand findet das makaber.

Es fühlt sich wohl gut an,
Teil der Menschen zu sein,
endlich einen Wert zu haben.
Jetzt sind wir mal dran.

Bitter für die Nicht-Menschen
in anderen Ländern.
Wagen es, sich nicht abschießen zu lassen,
nachdem wir sie doch so gut unterdrückten.

Was wollen die alle bei uns?
Sie haben doch eigene kaputte Häuser,
sollen doch dort bleiben.
Wir wollen Solche nicht bei uns.

Seht was passiert!
Nun haben wir Menschen Angst.
Alles denen ihre Schuld,
sind zu schlecht dressiert.

Nicht-Menschen kennen kein Leben
ohne Angst mehr,
aber das interessiert uns nicht.
Wir wollen nur leben,
die anderen sind uns egal.

14. November 2015

KräfteMessen

Es klebt an dir wie Schwefel.
Keinen Millimeter Haut gibt es frei.
Du glaubst, du bist der Rebell.
Wenn es doch nur so einfach sei.

Eingebrannt in jede Zelle
spürst du es fast selbst nicht mehr.
Wie eine aufschäumende Welle
trifft deine Seele auf harte Gegenwehr.

Wie befreien von der klebrigen Kruste?
Ist doch längst ein fester Bestandteil deines Selbst.
Einst zum Schutze, denkst du, weil ich musste.
Tust du wirklich, was du willst?

Ehrenwerte Vorsätze pflastern deinen Weg.
Alles willst du anders machen.
Wenn es nur nicht diesen Zwang da gäb.
Es ist schon längst nicht mehr zum lachen.

In dir tobt der Kampf der Kräfte.
Sieh nur hin und nutze deinen Mut.
Aufgeben als Möglichkeit ist das Letzte,
und das kannst du sicher gut.

Doch du kannst dich neu gestalten.
Mit dem grenzenlosen Licht in dir
kann selbst Schwefel golden glänzen und
machtlos gegenüberstehn der lebenslustigen Gier.

Kannst nun sehen, wer du wirklich bist.
Dankend deine Krusten brechen,
endlich fühlen, wie schön es ist
und vom süßen Nektar schmecken.

30. Januar 2016

Ich weine um Dich Mensch

So viele Tränen weine ich um Dich Mensch,
um Deine Kreativität,
um Deinen Gemeinschaftssinn,
Dein Miteinander,
Deine Herzlichkeit.
Still und leise weine ich.
Laut und schrill weine ich.
Es bleibt ungehört.
Ganz munter zerstörst Du Dich und Deine Heimat,
welche auch Heimat vieler Tiere und Pflanzen ist.

Du bist Gottes Ebenbild
und säst Zerstörung.
Wo ist Deine Verantwortung
dem Leben gegenüber geblieben?
Wo Deine Fürsorge?
Wo Dein Protest?

Konkurrenz und Krieg
als unumstrittener Zeitgeist
löscht Dich aus.
Ich weine um Dich Mensch,
dass Du vergessen hast,
dass Du ein Teil des Ganzen bist,

dass alle Menschen zusammen sein können,
dass jedes Leben ein Recht auf Dasein hat.
Ich weine, weil Deine Jugend so weit entfremdet ist,
dass sie die Instrumentalisierung
nicht mehr spürt.
Und ich weine sehr,
weil irrsinnige Regeln und Gesetze
weit über die Menschlichkeit gestellt werden
mit der Täuschung auf Lebensrettung.
Ja, ich weine um Dich Mensch.

11. August 2020

CHARAKTERMASKE

Trunkene Gefühlswelt.
Stille am Abgrund.
Klarer Blick am Fels zerschellt.
Seelenlandschaft wund.

Bittere Wahrheiten,
was ich glaubte zu sein.
Lautes Aufschreien.
Selbstverständnis blieb allein.

Wüste Einöde
klebt mich zusammen.
Aufsteigende Morgenröte.
Träumendes Verlangen.

Kann es wirklich werden?
Gibt es noch ein anderes Ich,
abseits meiner Scherben?
Leuchtet da ein Licht?

Genährt von göttlicher Kraft,
eingebettet im Ganzen,
tröpfelt der Lebenssaft
im Fluß des Unbekannten.

23. August 2015

Licht und Schatten

Hell und dunkel suchen sich ihren Weg.
Folgst du ihnen auf dünnem Steg?
Beweglich doch farblos
huschen sie dahin.
Tauchen bewundernd
ins farbige Leben ein.

Trotzdem bleiben sie allein
in ihrer Gemeinsamkeit.
Sie haben sich nur zu zweit.
Der Schatten klebt am Licht,
und ohne ihn wäre das Licht ein Nichts.

Traust du dich an sie heran?
Oder bleibst du im Grau befangen?

Tauchst du ins gleißende Licht,
kannst du die Farbenwelt sehen.
Doch Vorsicht,
denn hier lauert das Dunkel auf dich.
Und es hält sich nicht zurück,
nimmt deinem Gesicht die Sicht.

Verwirrt und traurig bleibst du sitzen,
und vermisst deine leblosen Grautöne.

14. Juli 2018

FRIEDHOF DER TRÄUME

Millionen farblose Gestalten ziehen über zerstörtes Land.

Ich gehe hindurch und spüre die Leere wie eine harte Wand.

Niemand reagiert auf meinen Aufschrei.

Jedes Rufen erstickt im schrillen Einheitsbrei.

Schon von weitem sehe ich die endlose Decke, die vor mir liegt.

Ich rieche Verwesung, welche sich auf staubigem Beton hin und her wiegt.

Hier liegen die begrabenen Träume der farblosen Gestalten.

Sie wurden geopfert unter dem Druck der Gewalten.

Einbetoniert wurden sie ohne Grabstein.

Keiner schaffte die Verwirklichung ins Sein.

Sie blieben zu bunt fürs grau,

wollten sich nicht anpassen und machten zu viel Radau.

Erschüttert stehe ich auf dem unwirklichen Boden,

unter meinen Füßen spüre ich es brummen und brodeln.

Ich höre es krachen und ganz leise singen.

Es scheint, als würde der Boden unter mir schwingen.

Völlig überrascht nehme ich den Riss vor mir wahr.

Ein Blümchen erwächst daraus, für mich unfassbar.

Mein Atem wird ruhig und das Grün der Blätter bezaubert mich.

Das Rot der Blüten blendet meine Augen und nimmt mir die Sicht.

Ich sehe keinen Beton mehr, der Gestank scheint verflogen.

Meine Gedanken werden von einer Frage gezogen:

Von was träumt diese wunderschöne Pflanze?

Fast scheint, ich höre sie rufen: Tanze, komm tanze!

Langsam begreife ich: meine Aufmerksamkeit brachte sie hervor.

Ich beginne zu tanzen und sie treibt sich empor.

Immer größer wird sie und zerbricht den harten Stein.

Es beginnt zu sprießen und zu wachsen, alles Leben darf sein.

Auf einmal spüre ich die Menschen neben mir.

Tränen der Erleichterung bahnen sich den Weg, zum Beschreiten des Wir.

Träume sausen durch die Lüfte und schlüpfen in erwärmende Herzen.

Ein Strudel aus Liebe erfasst mich und lässt meine Seele weiter tanzen.

28. August 2016

DEIN LICHT

Allein bewegst du dich
durch eine Welt,
die dir unbegreiflich erscheint.
Die Stimme in dir
stellt unbequeme Fragen:
Wer bist du?
Wo bist du?
Was hast du gemacht?
Gähnende Leere als Antwort.
Stumme Verzweiflung
mischt sich mit brennenden Tränen.
Jeder Strohhalm,
den du ergreifst,
bricht ab.
Fast krampfhaft hälst du es fest:
dein Licht,
deinen Schatz,
deinen Trost
im dunklen Tunnel
deiner Schmerzen
und Zweifel.
Schütze und bewahre es.
Es ist die Hoffnung
in der dunklen Zeit.
Es ist dein Licht,
was mich lächeln lässt.
Es ist dein Licht,
was uns träumen lässt.

Gib nicht auf,
es ist der einzige Weg
aus dem Labyrinth.

Und wenn du und ich
unser Licht bewahren,
dann kann es schon
doppelt so hell scheinen.

28. Juli 2016

HAND IN HAND

Dreißig Jahre gemeinsame Zeit,
kein Weg für uns zu weit,
keine Sorge zu viel,
als dass es uns nicht gefiel.

Zwei blonde Mädchen hinterm Haus.
Erwachsene Frauen gehen aus.
Im Sandkasten spielen,
im Café erzählen.

Verständnis und Vertrauen blieben.
Freunschaftliche Liebe,
erwachsen in gemeinsamen Handeln,
Ängste im Gespräch zu wandeln.

Dankbarkeit für das erschaffene Geschenk.
Das Schicksal zugunsten der Freundschaft gelenkt,
geht es weiter Schritt um Schritt
und ab und zu ein Blick zurück.

Januar 2013

MUTTER ERDE

Erde,
Du trägst mich
Tag für Tag.
Erde,
Du fühlst mich
mit allen Sinnen.

Erde,
Du hörst mich
im Rhythmus der Liebe.
Erde,
Du siehst mich
egal wo ich bin.

Erde,
Du beschützt mich
vor all den Gedanken.
Erde,
Du liebst mich
bedingungslos.

2. Januar 2006

Sachdienliche Hinweise, Diskussionsbeiträge und Terminabsprachen:

Traumzeitpraxis
SUSANN und HENDRIK HEIDLER
Schamanisch-energetisches Heilen

Lehmannstraße 3, D-09481 Scheibenberg
Tel. 037349 8807, Mobil 0174 3255911
info@traumzeitpraxis.de, www.traumzeitpraxis.de